SEPT JOURS A ROME

SOUVENIR

DU

PREMIER PÈLERINAGE OUVRIER

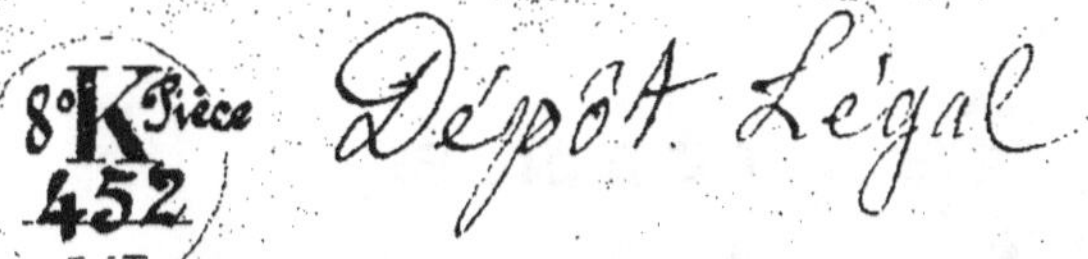

Par M. l'abbé ANINARD

CHANOINE HONORAIRE

Vicaire à la Madeleine, aumônier du Pensionnat Sainte-Marie

Rédacteur de la *Semaine Religieuse d'Aix*

AIX

IMPRIMERIE J. NICOT, RUE DU LOUVRE, 16

1887

SEPT JOURS A ROME

SOUVENIR

DU

PREMIER PÈLERINAGE OUVRIER

Par M. l'abbé ANINARD

CHANOINE HONORAIRE

Vicaire à la Madeleine, aumônier du Pensionnat Sainte-Marie

Rédacteur de la *Semaine Religieuse d'Aix*

AIX

IMPRIMERIE J. NICOT, RUE DU LOUVRE, 16

1887

Le récit qu'on va lire a été publié dans les nᵒˢ des 6, 20 et 27 septembre 1887, de la *Semaine Religieuse d'Aix*, par l'un de ses rédacteurs.

Celui qui a dû l'écrire au retour du premier *Pèlerinage Ouvrier* à Rome, n'aurait jamais eu la pensée de publier une brochure sur un voyage de dix jours ; mais les pèlerins qui l'ont accompagné lui ont demandé de faire tirer à part ces articles qui leur rappellent de touchants souvenirs.

Il s'estimera très heureux si ces quelques lignes peuvent aussi aider à apprécier l'œuvre ouvrière, faire aimer davantage le Souverain Pontife et engager ses lecteurs de circonstance à entreprendre le pèlerinage, toujours fructueux, de la capitale du monde chrétien.

SEPT JOURS A ROME

SOUVENIR

DU

PREMIER PÈLERINAGE OUVRIER

I

Déjà plusieurs semaines se sont écoulées et nous n'avons pu nous arracher encore au charme d'un beau et trop rapide rêve de dix jours, dans lequel nous avons vu passer devant nos yeux, avec les grandioses souvenirs et les ruines de la Rome antique, toutes les splendeurs de la cité papale.

Au Vatican, il nous a été donné de contempler les traits vénérés de Léon XIII le vicaire du Christ, d'entendre sa voix qui émeut le monde, de baiser sa main et de nous incliner sous la bénédiction la plus auguste et la plus puissante qu'un chrétien puisse recevoir ici-bas.

Nous le croyons volontiers, le moindre écho d'un si saint pèlerinage, quelque faible et lointain qu'il soit, ne peut être indifférent à aucune âme catholique. Toujours, il lui apportera un souffle vivifiant de foi et d'espérance. C'est ce qui nous décide à écrire ce récit.

Le jeudi 13 octobre, vers 9 heures 1[2, du matin, un train spécial et rapide sortait de la gare de Marseille et nous emportait vers Rome avec plus de huit cents voyageurs, troisième contingent d'un magnifi-que pèlerinage ouvrier composé de deux mille pèlerins. Deux autres trains partis de Paris, sous la conduite de M. Harmel, organisateur du projet, se dirigeaient vers le même but, par le Mont-Cenis.

Le train du Midi, était sous la direction de M. le comte de Ville-chaize. Il comptait plus de trente voyageurs du diocèse d'Aix, parmi lesquels un groupe important d'Arlésiens et d'Arlésiennes ayant pour aumônier un chanoine de Saint-Trophime.

Par une prévoyance délicate des organisateurs, chaque section de voyageurs a pu demeurer dans les wagons français, jusqu'au retour. Nous avons ainsi été préservés des wagons italiens et des ennuis de plu-sieurs transbordements.

La plus admirable discipline a présidé à l'entrée en voiture, et la charité la plus chrétienne s'est révélée, dès le début, dans les comparti-ments où l'imprévu du voyage a fait monter, au hasard, des voya-geurs inconnus les uns aux autres. Prêtres, ouvriers, dames, membres des classes dirigeantes, tous sont bientôt unis par les liens de la plus respectueuse intimité, tous causent, rient et surtout prient à l'envi avec une ardente émulation. Au murmure du Rosaire, notre train s'ébranle, nous saluons Notre-Dame de la Garde qui nous bénit du haut de sa colline. Bientôt les cantiques retentissent, et notre train de pèlerinage, contrastant avec tant d'autres convois d'affaires et de plaisir, affirme à sa façon le triomphe du Christianisme sur la civilisation moderne.

Le chemin de la corniche que nous suivons jouit d'une réputation cosmopolite qui n'est pas usurpée. Nous ne quitterons du regard les flots bleus de la Méditerranée qu'après Civita-Vecchia. Toulon nous fournit un nouveau contingent, de même en sera-t-il de Nice. Saint-Raphaël commence à nous étaler le luxe de ces ravissantes villas qui sont un étonnement de plus sur ces rivages enchanteurs.

Bientôt la vue les Iles de Lérins fait battre les cœurs arlésiens, nous saluons par une prière nos grands archevêques : saint Honorat, saint Césaire, saint Hilaire, saint Virgile, et aux dernières lueurs du cou-chant, nous pouvons encore considérer, avec une admiration mêlée de tristesse la délicieuse crique de Monaco, petit port en miniature dominé

par l'établissement de Monte-Carlo qui éveille, hélas ! en nous d'autres
souvenirs que l'Ile des Saints.

Avec les ombres de la nuit, nous allions éprouver notre premier
cauchemar, grâce à Dieu le seul de notre voyage : ce fut l'apparition
des tricornes italiens à Vintimille. La douane était là, il fallait se pré-
parer à ses odieuses perquisitions.

Quelle longue et ennuyeuse attente, dans des salles bondées !
Quelle subversion et quelle anarchie dans les malles comme dans
les moindres sacoches ! Si c'est dans les mœurs de la nation et les
traditions du métier, passons. Mais il est certains procédés et certaines
aggravations qui ne doivent point passer indemnes à la douane du
droit naturel, du bon sens et de l'opinion publique. Notre devoir est
de les signaler, même en supposant qu'aucune malveillance envers les
pèlerins français et les pèlerins de Rome ne les ait inspirés.

Des ouvriers organisés en corporations ou sections portent avec
eux leurs bannières. Ils vont les faire bénir au Souverain Pontife.
Peut-on les comparer à des marchands de soieries ? Quelle armée a jamais vendu ou délaissé son drapeau ? N'importe, ces drapeaux doivent
être frappés d'une droit exorbitant. Il n'est pas jusqu'au manteau de
cérémonie d'un abbé et au jupon de soie d'une Arlésienne qui ne
soient jugés contribuables à merci. Et la raison est des plus in-
génieuses : Ces objets sont neufs ! Défense de pénétrer dans le royau-
me avec des vêtements qui ne soient pas usés !

Heureusement l'esprit français n'a jamais connu de frontières. Un
ouvrier, porte-drapeau de son cercle, sauve la situation en faisant au
moyen d'un couteau une glorieuse blessure à son étendard. Un autre
fait de même à la doublure de sa redingote, un autre à son fou-
lard, etc. Marqués aux stigmates de la gloire ou de l'usage, ces objets
désormais ne sont plus neufs, ils passeront en franchise.

Le machiavélisme italien est vaincu !

Ces incidents sont bientôt oubliés dans une nuit dont le court som-
meil est entremêlé de prières et de chants pieux. Arrivés à Pise au
point du jour, nous n'apercevons pas à l'horizon la moindre tour pen-

chée. Nous nous dédommageons en considérant bientôt l'île d'Elbe et plus tard Civita-Vecchia.

Orbitello, possède un buffetier des plus juifs, qu'il est bon de signaler à la méfiance des prochains pèlerinages.

Après avoir prélevé des profits éhontés sur nos bourses, nous le voyons, au départ, se frottant les mains sur sa porte avec des intentions évidemment inciviles. Qu'on le rappelle au respect du tarif et des voyageurs, et que les pèlerins futurs se tiennent pour avertis. Partout ailleurs nous n'avons qu'à nous louer des procédés de tous les employés, de la gendarmerie, et même de la police.

Enfin la campagne romaine nous apparaît avec sa poétique désolation, ses tertres verts et ses vastes plaines ondulées, peuplées de chevaux noirs et de grands bœufs blancs qui nous rappellent, avec un saisissant contraste, les bœufs noirs et les chevaux blancs de notre Camargue. Nous cherchons avec intérêt tout ce qui dans l'allure des paysans, coiffés de chapeaux tyroliens, avec leurs attelages bizarres de chevaux placés trois de front ou inégalement accouplés, peut nous révéler les mœurs pittoresques d'un peuple étranger.

Notre émotion devient plus grande. Rome est là derrière cette colline. Voici le Tibre fangeux que nous saluons comme un autre Jourdain. Voici les remparts de briques de la ville éternelle; ses vieux aqueducs mélancoliques. Nous pouvons déjà mesurer la grandeur de ces ruines. Notre œil cherche vainement le dôme de Saint-Pierre ; voici du moins une des grandes basiliques, c'est Saint-Jean-de-Latran, la mère et la maîtresse de toutes les églises. En contemplant avec un pieux étonnement sa façade lointaine, surmontée de gigantesques statues, nous adressons à Dieu, par l'intercession des deux saints Jean, auxquels elle est consacrée et par l'intercession des apôtres Pierre et Paul, cette prière émue, qui dans la capitale de la catholicité doit jaillir spontanément de tout cœur catholique, avec plus de foi qu'en aucun autre lieu du monde.

Pendant que nous prions, un gentil enfant de huit à neuf ans, placé seul dans un train vide, composé de wagons neufs, vrai petit ange de Raphaël qu'on dirait descendu du tableau de la madone de saint Sixte, nous regarde avec des sourires à la fois intelligents et innocents, en exécutant du bout de ses doigts, à l'italienne, le plus joli des saluts. Nous comprenons qu'il accomplit un acte de piété et reconnaît des amis du Pape ; aussi cette gracieuse bienvenue, j'allais dire cette angélique salutation, nous paraît-elle du meilleur augure.

Au sortir des wagons nous trouvons le quai orné d'un certain nombre d'officiers italiens fringants, froids et solennels, venus évidemment à notre occasion et par ordre. Tous sont en grande tenue, et fortement empanachés. Après les retards nécessités par une vaste organisation, des omnibus et des voitures nous emportent par groupes à nos hôtels respectifs. Partout, un grand déploiement de police et de gendarmerie.

Il nous est permis de constater alors que l'entrée dans Rome, par la voie ferrée, n'a rien de bien caractéristique. La gare, placée dans un quartier excentrique, n'est entourée que de rues tout à fait neuves portant, pour la plupart, des noms de conspirateurs ou de soi-disant grands hommes révolutionnaires. Elles sont ornées de magasins de marchands de parapluies et de marchands de lorgnettes, dont l'aspect détruit toute velléité de poésie. C'est la Rome moderne que l'Italie veut opposer à la Rome des Césars et des papes.

C'était mieux au temps des *vetturini*. Ils vous invitaient à descendre de voiture à la première apparition des dômes de la cité papale, qu'on saluait en s'agenouillant, puis l'on pénétrait dans Rome par l'une de ses grandes places ornées de fontaines et de palais grandioses.

Le premier monument que nous apercevons enfin au sommet d'une rue spacieuse, est encore une basilique, celle de Sainte-Marie-Majeure. C'est à elle que Notre-Dame de la Garde, qui a béni notre départ, semble nous confier à notre arrivée. Nous serons bien gardés par cette bonne Mère.

A la nuit, nous étions convenablement installés dans la *Pension de l'Union*, sur la place du Monte-Citorio ornée d'un obélisque, au centre même de Rome, non loin de la colonne Antonine et du Corso.

Après une rapide réfection, nous montons malgré le temps pluvieux dans une voiture découverte et à la lueur de l'électricité et de quel-

ques rares étoiles, nous considérons l'aspect grandiose de la ville éternelle, la silhouette de ses principaux monuments, et surtout de l'immense Colisée, où nous nous plaisons à évoquer le souvenir de tant
de milliers de martyrs qui ont arrosé son arène de leur sang, regret-
tant que l'impiété, qui en a arraché la Croix, ne nous laisse pas espé-
rer de pouvoir y parcourir la voie douloureuse.

C'était assez d'un tel spectacle pour aller reposer, l'âme surabondant des plus fortes émotions, en songeant aux joies intellectuelles et
surtout aux joies saintes que nous réservaient de trop rapides len-
demains.

Le samedi 15 octobre à 10 heures, sur le Monte-Citorio, les voitures réquisitionnées pour le groupe de *l'Union* se mettaient en mar-
che, pittoresquement surchargées de pèlerins disparates, et cir-
culaient bientôt en longue file, dans les rues de Rome, croisant souvent
des caravanes analogues. C'est en cet équipage, qu'il nous a été donné
d'aller visiter les basiliques, les lieux saints, les monuments antiques,
sous la conduite de nos guides.

Les premières heures de la matinée étaient libres. On en profitait
pour aller célébrer ou aller entendre la sainte messe dans les sanctuaires les plus célèbres.

Le 15 étant la fête de sainte Thérèse, je voulus me faire conduire
chez les Carmes déchaussés. Mon cocher qui m'avait fait un signe
très expressif d'intelligence, en écoutant mon italien de fantaisie, me
conduisit, de bonne foi...., chez un fabricant de chaussures ! Malgré
cet incident, j'arrivai à l'église des Carmes, dans le Transtevere, où
je pus constater comment les couvents de Rome savent célébrer les
fêtes de leurs saints.

Le porche était décoré de tentures et de guirlandes, au-dessus des-
quelles apparaissait l'image de la sainte Réformatrice. Des prêtres, des
religieux, des prélats et un cardinal célébraient la sainte messe. Les
RR. PP. Carmes nous comblèrent d'égards. Ils donnèrent en souvenir
à chacun des visiteurs, une grande et belle gravure représentant la
transverbération du cœur de sainte Thérèse, et nous contraignirent à

monter dans une vaste salle pour prendre part à un déjeuner festival accompagné de *gelati*, c'est-à-dire de glaces qui, paraît-il, sont toujours de saison en Italie. Nous étions en compagnie de prêtres et de religieux de divers ordres venus pour participer à la solennité.

Cet accueil gracieux et le bonheur de prier la puissante vierge d'Avila, au milieu de ses enfants, nous parurent, au premier jour de notre arrivée, un présage nouveau de la faveur divine.

Pèlerins de Rome, nous l'avons constaté de prime abord, la capitale du monde chrétien est le plus grand et le plus complet des pèlerinages. Sans parler de ces vieilles basiliques auxquelles les Papes, en les embellissant, n'ont point fait perdre leur caractère primitif, si riches en reliques et en souvenirs, ici, à chaque pas, nous rencontrons un lieu saint, une crypte, une catacombe, un témoignage historique de foi qui suffirait à motiver des pèlerinages incessants, de tous les points de l'univers. Ici, nous avons vu et constaté, en les touchant du doigt, la vérité et le prodige de nos origines chrétiennes: *Quod vidimus quod manus nostræ contrectaverunt.* (1)

Avec quels soins pieux chaque famille religieuse a conservé les moindres vestiges de la sainteté des siens. Avec quelle attention intelligente et jalouse, Rome garde, depuis les âges primitifs, les traditions des lieux sanctifiés, les circonstances du supplice de ses plus illustres martyrs: les catacombes de Saint-Sébastien et de Sainte-Agnès, le lieu où Dieu préserva miraculeusement cette vierge de la séduction ; les bains où l'on voulut asphyxier sainte Cécile; le puits où sainte Praxède exprimait le sang des confesseurs et cachait leurs corps ; les instruments du supplice du grand diacre saint Laurent dont le corps rôti, déposé sur un marbre, y a laissé une empreinte que nous avons baisée. Que de choses miraculeuses il nous faut passer sous silence ! Mais les chaînes de saint Pierre, mais sa prison célèbre qui fut aussi celle de saint Paul, la colonne sur laquelle fut abattue la tête de l'apôtre des nations, la colline où le prince des apôtres fut crucifié la tête en bas, leur tombeau sacré n'ont-ils pas suffi à motiver les plus nombreux et

(1) I. *Epist.* S. Joan. I, 1.

les plus saints concours ? C'est le pèlerinage que font tous les grands chrétiens et auquel un usage sacré convie les évêques à certaines époques déterminées.

Voilà ce que nous avons vu.

Mais Rome, c'est Jérusalem elle-même, depuis la Crèche dont le bois est conservé à Sainte-Marie-Majeure, jusqu'à la Croix. N'est-ce point la vérité que sainte Hélène voulut affirmer lorsqu'elle fit élever Sainte-Croix de Jérusalem sur de la terre qu'elle avait fait apporter de cette ville ? Là nous avons vénéré, avec les épines de la couronne, un des clous qui ont percé les membres du divin Sauveur, le Titre du crucifiement, la plus grande partie du bois de la vraie Croix qui existe encore. Après avoir contemplé, la contrition dans le cœur, à Sainte-Praxède, la colonne où fut attaché le divin Maître, après avoir monté à deux genoux la *scala santa*, l'escalier par lequel monta Jésus pour être livré, avec dérision, par Pilate, aux clameurs de la foule, que nous reste-t-il à envier à ces pieux Croisés qui, après tant de combats et de sang répandu, versaient encore de si amoureuses *larmes de contrition* et, parfois, mouraient d'amour sur les gages vénérés de l'amour infini d'un Dieu ?

Par les ordres de Léon XIII, l'ostension de ces grandes reliques, qu'il n'est permis de contempler qu'à de rares époques de l'année, a été faite partout avec une sorte de prodigalité dont nous avons su apprécier la faveur exceptionnelle.

Mais Rome c'est surtout la victoire vivante du christianisme sur le paganisme et sur toutes les puissances successives de l'enfer. Celui qui ne l'a point compris n'est pas digne de fouler le sol de la cité sainte, il n'est pas même digne de voir la lumière du soleil. Elle nous apparut, cette vérité, avec un éclat triomphant, dès la première visite qu'il nous fut donné de faire à ses monuments antiques sous la conduite du guide intelligent et complaisant qui nous a accompagnés dans toutes nos pérégrinations. (1)

Nous étions au pied du Capitole, au milieu de ce vieux *Forum* où s'accumulent tant de ruines, de colonnes brisées dont quelques-unes por-

(1) M. Settimio Zama, Roma, Borgo Sant'-Angelo, 112.

tent encore leur faîte avec tant de majesté. Ici des débris de temples nombreux ; là trois arcs de triomphe encore debout ; dans le lointain, le gigantesque Colisée ; à droite, le Palatin. Du côté opposé, la prison mamertine, et c'est là qu'il faut aller chercher la lumière qui illumine ces somptueuses ruines et la philosophie de cette histoire du peuple-roi admirablement résumée, dans cet espace réduit.

L'endroit où nous sommes n'était d'abord qu'un marais séparant les Romains et les Sabins après leur alliance. Tarquin le dessécha au moyen de la *cloaca maxima*, le grand égout collecteur qui roule encore sous nos pieds, et qui fut une des merveilles de la puissance romaine ; si solide qu'aucune révolution de la ville ni du globe n'a pu l'ébranler ; comme si ce que le paganisme devait nous léguer de plus impérissable était ses égouts !

Que de boue, que d'immondices ont passé par cette *cloaca maxima!* Que de sang aussi et de ruisseaux de larmes !

Bientôt le peuple-roi grandit, les nations deviennent ses tributaires, les temples, le *Forum* s'élèvent plus fastueux ; voici le lieu de la tribune où parlait Cicéron ; voici la voie sacrée par où les triomphateurs montaient au Capitole ; voici le palais des César, oppresseurs de l'univers. Des passages entiers de Tacite, gravés sur les ruines, produisent le plus éloquent effet. Quelles scènes ! Quels noms : Tarquin et les premiers rois ! Cicéron ! Tacite ! Nous sommes saisis par les plus grandes images de l'histoire comme par les souvenirs les plus lointains de notre première éducation classique et de nos humanités. Et le guide, par je ne sais quelle inspiration, nous fait entrer tout à coup à la prison mamertine ; il y a là aussi d'émouvants souvenirs classiques ; mais vainement nous parle-t-il de Jugurtha, de Catilina, de notre Vercingétorix lui-même, un seul souvenir remplit et illumine la noire prison à deux étages, c'est celui de saint Pierre et de saint Paul !

Pour nous, c'est tout ! La prison est une crypte. C'est une église ! C'est là qu'ils ont souffert ; c'est là qu'ils ont prié ; c'est là qu'ils ont fait jaillir miraculeusement, pour faire chrétiens leurs gardes convertis, ces flots du baptême qui régénèreront le monde et le purifieront de toutes les ordures du paganisme, cette *cloaca maxima.*

Et maintenant sortons, nous comprenons tout.

Pourquoi toutes ces ruines ? Pour créer un monde nouveau. A qui ces débris servent-ils de piédestal ? A Pierre, le pêcheur de Galilée. Voilà les matériaux de ses églises et de ses palais.

Les arcs de triomphe disent aussi sa gloire. L'arc de Titus, en affirmant la ruine du peuple juif, maudit pour avoir renié son sauveur ; l'arc de Constantin en proclamant le triomphe du *Labarum*. Puis regardez au loin, ce dôme resplendissant : c'est son tombeau triomphal ; et à côté de ce tombeau, voyez ce palais à qui la même colonnade sert de portique, c'est le palais de Saint-Pierre, car saint Pierre est immortel ; il vit dans ses successeurs ; il rend des oracles infaillibles !....

Aujourd'hui, Pierre c'est Léon XIII, et nous sommes venus à Rome lui demander la solution de la question sociale.

A l'aspect du Colisée dont le squelette délabré se dresse devant nous effrayant de grandeur, il est facile de constater le chemin immense accompli par la question sociale, grâce à la papauté.

Avant le christianisme, ces proies vivantes qu'on jetait par milliers dans l'arène : les vaincus, les gladiateurs, les esclaves, comptaient-ils dans l'humanité ? Et ce peuple soi-disant roi ou plutôt cette populace avilie qui demandait sur le même ton, à manger du pain et à boire du sang humain : *Panem et circenses,* quelle notion avait-elle de la dignité humaine ? Qu'étaient les patriciens à la fois superbes et rampants ? Quels étaient surtout, les maîtres du monde ? On peut l'apprendre ici. Je ne parle pas des monstres trop nombreux, produits par le césarisme, mais des meilleurs princes comme Titus, appelé les *délices du genre humain.*

Ce fut lui qui fit bâtir, par les captifs juifs, le Colisée commencé par son père Vespasien et jeta aux bêtes ces malheureux, au nombre de dix mille, dès qu'ils l'eurent achevé.

Ce trait de mœurs suffit à nous faire juger une société où de pareilles monstruosités s'accomplissaient naturellement, couramment.

Alors le genre humain plaçait bien mal ses *délices* !

Des prêtres, des évêques, des papes après avoir annoncé l'Evangile aux pauvres et aux esclaves qu'ils faisaient asseoir à la même table des agapes que les patriciens, ne craignirent pas de descendre dans l'amphithéâtre ou de monter sur les bûchers et les chevalets pour y mourir à côté de milliers de martyrs dont ils étaient les inspirateurs et les chefs. C'est ainsi qu'ils commencèrent à affirmer les droits invincibles de la conscience ; à relever la dignité humaine et ce fut la première base pour résoudre la question sociale.

Pendant que le *cicerone* rappelait ces faits, en nous expliquant les détails du monument, je songeais, non sans indignation, à ces historiens qui, méconnaissant de tels bienfait, osent nous présenter le passé païen comme un idéal, et ne rougissent pas de prendre parti pour les persécuteurs contre les martyrs.

Les esprits de cette trempe manquent surtout d'élévation et raisonnent sous l'impulsion d'un égoïsme d'autant plus féroce qu'il est inconscient. Ils n'oublient qu'une chose dans la donnée des problèmes historiques : les droits les plus sacrés de l'humanité.

S'ils étudient le césarisme, ils le trouvent fort et brillant, commode même pour ceux qui en jouissent ; et par un instinct pratique dont ils ont fait preuve, sous un César moderne de bas-empire, ils se voient toujours « du côté du manche. »

Au Colisée, ils sont assis au *podium* et de cette place réservée ils trouvent d'un bel effet le *morituri te salutant* !

S'ils étaient contraints de prendre la place des vaincus, à côté des martyrs, des évêques et des papes, qui ont marché sur les traces du Christ, peut-être, vu leurs principes, seraient-ils fort empêchés de s'y tenir avec quelque grâce.

Certainement alors ils changeraient de point de vue historique et social.

II

C'est le dimanche 16 octobre, à midi, jour désormais mémorable
dans leur vie, que les membres du pèlerinage ouvrier eurent le bonheur d'être reçus en audience générale par le Souverain Pontife.

Dès le matin, un rendez-vous solennel nous avait été assigné dans
l'église de Saint-Pierre. En pénétrant dans cette basilique la plus belle
du monde, je suis resté d'abord hésitant sous l'écrasante majesté de
ce gigantesque monument dont la beauté était pour moi mystérieuse
et indéfinie, parce qu'il m'était impossible d'en saisir d'abord l'idée
d'ensemble.

Guidés d'ailleurs par une pensée plus haute, nous n'avons pu nous
arrêter que plus tard à considérer ses magnificences tant nous étions
pressés de nous prosterner devant les tombeaux des SS. apôtres
Pierre et Paul. Puis groupés dans l'abside, devant la chaire du prince
des apôtres, nous avons entendu la sainte Messe célébrée par son
Eminence le Cardinal Langénieux, assisté des maîtres de cérémonie du Pape.

En un tel lieu, la prière la plus naturelle qui puisse jaillir du cœur
et dont l'usage est devenu traditionnel, est la récitation du symbole.
Aussi je vous laisse à penser l'effet grandiose de notre *Credo* chanté
tout à coup par deux mille poitrines, sous ces voûtes et ce dôme sous
lesquels l'abominable Diderot, lui-même, avouait qu'il se sentait catholique.

La chapelle Giulia, qui chante d'après le même système que la
chapelle Sixtine, fit entendre ensuite ses chants si célèbres, nouveaux
pour beaucoup d'entre nous, et qui, pour ma part, m'ont remué jusqu'au fond de l'âme, à cause surtout de leur expression.

La communion générale dura plus d'une heure quoiqu'elle fût dis-
tribuée simultanément par le Cardinal et deux évêques. Enfin le *Te*

Deum chanté alternativement par la masse des assistants et les chan-tres du Vatican fut suivi de l'ostension des grandes reliques du haut de la loge de la coupole. Ainsi se termina cette inoubliable cérémonie.

Grand fut notre étonnement au sortir de Saint-Pierre en constatant que la plus belle place de Rome était absolument vide de voitures pu-bliques. Nous ignorions qu'une grève de cochers était survenue au jour même de notre audience et tellement à point nommé qu'il était facile d'y reconnaître la main des sectes maçonniques.

Dieu voulait certainement rendre plus méritoire cette audience la grande joie de tous. Aussi la Providence eut-elle soin à notre retour au Vatican, à midi, d'ajouter miséricordieusement à l'absence de voi-tures, une averse des plus abondantes, que chacun d'ailleurs, ouvriers, ecclésiastiques et dames du monde, reçut avec une résignation des plus gaies. Les habits de gala les plus neufs, les robes de soie et les manteaux de cérémonie furent bientôt dignes de passer indemnes à la douane de Ventimille.

Quant il pleut, le Parisien laisse tomber la pluie ; ce jour-là, nous fûmes tous Parisiens et les Provençaux plus que personne. Cette bonne attitude française ne contribua pas peu à désarmer les grévistes qui dès le lendemain se mirent à nos ordres.

A notre arrivée sur la place de Saint-Pierre, la pluie avait cessé et un magnifique soleil illuminait le grand obélisque qui dit au monde avec tant de majesté : *Christus vincit, Christus regnat, Christus impe-rat !* « Le Christ est vainqueur, le Christ règne, le Christ gouverne et nous délivre de tout mal. » Au même moment, nous vîmes sortir de la colonnade de droite, et défiler sur la place, en bon ordre, une troupe compacte et nombreuse qu'on prenait de loin pour un régiment de soldats. Les Romains accouraient à ce spectacle qui nous remplit d'une fierté patriotique, car c'étaient nos ouvriers logés à Sainte-Marthe qui se rendaient, comme nous, à la porte princière du Vatican. Ils étaient en tenue dominicale, portaient leurs bannières roulées, et avaient fort bonne allure.

A l'entrée du Palais, on comprend bien qu'il est pour le Pape une prison : des masses de gendarmes et de policiers rôdent autour honteux, regardant d'un œil furtif et jaloux les gardes suisses et les gendarmes pontificaux qui en défendent l'intérieur et ne peuvent sortir en costume sur le seuil. Nous eûmes un serrement de cœur. La plupart des couvents de Rome ont été ravis de force à leurs légitimes propriétaires et servent à loger la soldatesque. Est-ce là ce qu'on voudrait faire aussi de notre Vatican ?

Il appartient à la chrétienté, il est à nous ce palais du Vicaire de Jésus-Christ. Nous le comprenons, dès le seuil, à la figure ouverte et sympathique des gardes suisses en costume moyen âge et des gendarmes pontificaux qui écartent leurs rangs devant nos pas. Nous respirons l'atmosphère de la maison paternelle.

Le contraste entre ces gendarmes du Pape costumés avec goût et ceux des Italiens n'est pas à l'avantage des ces derniers, dont l'habit funèbre paraît copié sur celui du bourreau Samson, dans les gravures de la mort de Louis XVI. Impossible de choisir avec un attrait plus perverti et peut-être plus intelligent, l'uniforme qui doit dénoncer les sbires d'un pouvoir usurpateur et révolutionnaire.

L'esthétique ne triomphe pas davantage dans les autres costumes de l'armée. Les moindres chefs ont la poitrine ornée d'aiguillettes aux enchevêtrements infinis ; ils panachent encore leurs chapeaux, de plumes à profusion. La plume au chapeau est pour l'italianissime l'insigne militaire par excellence.

Allons, Messieurs ! élevez bien haut vos plumets ! Il est difficile d'atteindre la hauteur du dôme de Saint-Pierre.

Ces excès de plumages nous ont paru abusifs,.... même pour des gardiens du Capitole !

Aucun corps de l'armée italienne ne peut être comparé aux gardes-nobles qui se rangent bénévolement autour de leur souverain dépossédé, pour lui faire une garde d'honneur dont ils comprennent toute la dignité.

Ils portent leur uniforme à la fois riche et sobre avec une distinction native et un air militaire qui rappelle celui de nos meilleurs types d'officiers français.

Nous voici dans le superbe escalier royal à colonnes du Bernin. Il ouvre cette succession de merveilles qui ne cesseront d'éblouir nos regards, dans ce palais le plus beau du monde, sanctuaire non seulement de la religion, mais aussi des arts; au milieu duquel siège, comme dans son centre naturel, la royauté papale, inspiratrice, dans tous les ordres d'idées, de ce qui est beau ici-bas.

Là nos ouvriers se rangent d'abord sous leurs bannières. Comme j'ai l'honneur de représenter le digne chanoine qui dirige notre cercle aixois, je suis invité à orner ma boutonnière des insignes d'aumônier ; et je me place au milieu des membres du cercle Saint-Mitre.

Mais bientôt nous recevons, avec le plus grand respect, des ordres supérieurs émanant du souverain Pontife.

Nous devons nous séparer de nos bannières qui seront portées, séparément afin d'être bénites ensemble. Après les porte-étendards, les ouvriers d'abord, puis les ecclésiastiques ; les patrons ne viendront qu'en dernier lieu.

Il faut quitter tous les insignes. Défense de pousser aucun *vivat* et de faire aucune espèce de manifestation. Ordre de garder le silence le plus absolu, le plus respectueux... *Comme à l'élévation* ! dit une voix, — C'est cela même, lui est-il répondu, et ce mot plus profond qu'il ne paraît caractérisera notre vénération silencieuse et émue quand nous courberons nos fronts devant la majesté réelle de celui qui représente ici-bas Jésus-Christ.

Ces mots d'ordre divers prouvent à la fois l'excessive prudence et le peu de liberté du Souverain Pontife surveillé avec une malveillance jalouse jusque dans l'intérieur de son palais.

Ils ont montré encore l'excellent esprit de nos ouvriers qui s'y sont conformés avec la plus scrupuleuse rigueur, en comprimant péniblement un enthousiasme près de déborder.

Les peintures qui décorent les antichambres et la salle des ducs, dans laquelle nous attendons notre Souverain, charment les impatiences de l'attente.

Enfin un frémissement a passé dans l'immense assemblée qui se jette à genoux. Précédé de sa cour, Léon XIII vient de gravir les marches de son trône Nos regards peuvent le contempler.

Présenté par le cardinal Langénieux avec l'œuvre tout entière, M. le comte de Mun lit une adresse qui définit le sens du pèlerinage ouvrier.

« Il y a trois ans, dit l'éminent orateur, le pèlerinage des indus-
« triels venait prendre aux pieds de Votre Sainteté l'engagement de ra-
« mener dans les ateliers et dans les usines le règne de la religion et
« des mœurs chrétiennes. Aujourd'hui ce sont les ouvriers eux-mê-
« mes qui viennent humblement et filialement demander à votre bonté
« paternelle de bénir la part qu'ils ont été conviés à prendre dans
« l'œuvre de régénération chrétienne, pour le monde du travail manuel.
« Sous leurs bannières, voici les représentants des premières corpora-
« tions ouvrières renaissant à l'appel de Votre Sainteté. — La tradition
« même des corps d'état nous apprend que chaque fois que la question
« sociale s'est posée, l'Eglise a su la résoudre. C'est pourquoi, pros-
« ternés à vos pieds, ils sont assurés que votre bénédiction les aidera
« à obtenir la protection légale qui favorisera les œuvres de salut
« entreprises en leur faveur. »

Le Pape se lève et répond par ce magnifique discours dont le reten-
tissement a été immense dans le monde religieux, social et politique.

Ceux d'entre nous qui, plus voisins du trône,   ont pu l'entendre
tout entier, étaient profondément saisis par cette grande éloquence,
lorsqu'ils voyaient surtout Léon XIII, vivement impressionné lui-
même, accentuer avec plus de lenteur et de force certains passages
d'une plus haute importance.

Le souverain Pontife a félicité d'abord les ouvriers de cette solennelle affirmation de leur foi religieuse, et de la part qu'ils prenaient à
l'œuvre de la régénération chrétienne pour le monde du travail manuel.
Il les a prémunis contre les séductions des sectes maçonniques, et il a
affirmé que dans le retour aux principes chrétiens et aux enseignements de l'Eglise catholique et de son chef réside uniquement la solution des questions sociales qui les touchent de si près !

Comme l'ont avoué les journaux libéraux italiens (1) : dans ce discours
on sent vibrer une note puissante de sincère sollicitude en faveur des
ouvriers.

En quelques traits rapides et de main de maître, le saint Père a dé-

____

(1) *La Riforma*, principalement.

crit la noblesse du travail qui, comme il le dit dans une phrase sculp-
turale que tous les économistes lui envieront, « est élevée à la hauteur
de la dignité et de la liberté humaine. »

Il rappelle aux heureux et aux puissants l'obligation qui leur incombe
de secourir leurs frères de conditions plus humbles, en respectant en
eux le caractère d'homme et de chrétien.

Enfin ces journaux conviennent que les opinions du Pape s'accordent
pleinement avec les dernières conclusions de la science sociale. « Il
faut considérer comme parfaitement scientifiques, disent-ils, les louan-
ges données par le Saint-Père aux grandes associations corporatives ;
« qui ont si puissamment contribué au progrès des arts et des métiers
« et procuré aux ouvriers eux-mêmes la plus grande somme de pros-
« périté et de bien-être. »

Un tel discours prononcé sur les hauteurs du Vatican, en réponse à
ces hommes éminents et si dévoués qui sont allés y chercher la lumière
et la consécration de leurs magnifiques et généreux efforts, pour résoudre la terrible crise signalée par tant de ruines et par des excès
pareils à ceux du nihilisme, ne restera pas lettre morte.

L'émotion soulevée, de toute part, en est déjà la preuve, la parole
papale marquera un point de départ nouveau dans cette douloureuse
question ouvrière qui est la question de vie ou de mort de notre société moderne. L'œuvre des de Mun et des Harmel a reçu une consécration divine !

Nous en avions le sentiment en écoutant les enseignements de
Léon XIII et ce sera un des plus augustes souvenirs de notre vie
d'avoir été témoins de ce grand acte pontifical.

Donner au monde une parole qui l'éclaire et le guide, c'est beaucoup. Les Papes cependant savent faire davantage encore. Ils ne sont
pas de purs philosophes, des docteurs spéculatifs. Ils sont de la race
agissante des Apôtres, de l'école pratique de Jésus qui commença par
faire ce qu'il allait enseigner. *Cœpit Jesus facere et docere.* (1) Et voilà
le terrain sur lequel les prétendus réformateurs, les sectaires égoïstes
qui se font du peuple un piédestal, n'ont jamais pu les suivre.

(1) Act. I, 1.

Ce Pape qui leur avait parlé avec tant d'intérêt « de leur dignité d'hommes et de chrétiens » avait commencé par donner à nos ouvriers, dans son Palais même, suivant l'expression du Cardinal Langénieux : « une hospitalité royale. » A l'audience solennelle, il avait voulu que la bienveillance des patrons cédât aux simples ouvriers la première place. M. Harmel lui-même relégué au dernier rang ne put arriver qu'à grand'peine jusqu'auprès du trône pontifical, lorsqu'il y fut appelé.

D'autre part nos ouvriers ne tarissaient pas d'éloges sur l'installation parfaite de l'hospice, je devrais dire de *l'hôtel* de Sainte-Marthe dont le mobilier absolument neuf était des plus confortables.

Inspirés par l'exemple de leur Souverain, les membres les plus distingués de l'aristocratie romaine s'étaient mis complètement à leur service. Ils les servaient même à table. Impossible de dire les délicates attentions dont les pèlerins furent l'objet de leur part.

On n'a pas souffert qu'ils déboursent la moindre étrenne pour les domestiques. Leurs nobles serviteurs ont voulu s'en charger, et les subalternes n'y ont rien perdu.

Un prince romain (1) a payé le prix des télégrammes qu'ils ont voulu envoyer à leur famille, et vu leur nombre et la surtaxe pour un pays étranger, la somme qu'il a généreusement déboursée est considérable.

Un jour nos pèlerins, plus touchés que jamais, ont vu Mgr Jacobini, un évêque et diplomate de la cour pontificale ainsi que l'Eminentissime Cardinal archevêque de Reims ceindre eux-mêmes le tablier et les servir à leur tour.

Ce qui doit nous frapper en de tels actes, grandement généreux, c'est qu'ils ne sont pas une innovation, une mise en scène de circonstance, mais la continuation d'une tradition qui n'est jamais sortie des mœurs chrétiennes.

Sans parler des couvents, nous prêtres, nous l'avons vu mettre en pratique dans nos séminaires. Tout le monde sait, à Aix même, que les messieurs du Catéchisme de la campagne ne rougissaient pas de mettre aussi le tablier pour servir les enfants pauvres et leurs parents, le jour de la première communion. Mais nulle part, cette tradition n'est

(1) Le prince Lancellotti.

restée plus en honneur qu'à Rome, où les membres de l'aristocratie, dans certaines associations, pratiquent des actes de charité et d'humilité autrement méritoires.

En servant nos ouvriers, ils l'ont fait sans ostentation et comme naturellement. Allez dire aux députés de la gauche et aux sectaires de la maçonnerie d'en faire autant. Ils portent avec une ridicule emphase, dans leurs conventicules, des tabliers décoratifs signes de leurs grades ; mais ils ont horreur de ce tablier humble et évangélique que Jésus ceignit au soir de la Cène et dont ses Apôtres et les princes de son Eglise entourent encore leur ceinture, avec simplicité, piété et charité.

Le soir, soit au Vatican, soit au cercle de la *Via Testa spaccata,* on servait à nos ouvriers des rafraichissements agrémentés d'un concert ; et ce qui vaut mieux, ils entendaient la parole si éloquente du Cardinal Langénieux et de Mgr Jacobini ; celle de M. Harmel, « le bon Père » qu'ils acclamaient, et de notre séduisant M. de Mun.

Dans une de ces réunions où les ouvriers purent laisser éclater tous les élans de leurs cœurs trop longtemps contenus, ils acclamèrent longuement Léon XIII et leurs chefs bien-aimés. Puis électrisés par la parole du grand orateur et sur son invitation, ils se levèrent dans un élan unanime et jurèrent un inviolable fidélité aux enseignements et à la personne du Souverain Pontife.

Je voudrais pouvoir dépeindre les deux chefs éminents de l'œuvre ouvrière, entourés de ce brillant état-major d'hommes dévoués de la noblesse française, de la grande industrie, du haut commerce et des professions libérales, et raconter la joie chrétienne, j'allais dire naïve et enfantine, dont leurs grands cœurs débordaient au milieu de ces ouvriers auxquels ils ont consacré leur vie, lorsqu'ils voyaient surtout les encouragements et la consécration solennellement donnée, par le Pape, à leurs héroïques efforts.

On sait avec quelle faveur M. le comte de Mun, qui habite parfois Rome, est reçu au Vatican. M. Harmel a été aussi pendant ce pèlerinage l'objet de l'attention la plus paternelle de la part du Souverain Pontife. Sa Sainteté tint longtemps sa main dans la sienne et apprit avec la plus grande joie que déjà en France plus de quarante usines sont organisées comme celle de Val-des-Bois. A la fin des audiences privées, le Saint Père fit apporter de nombreuses médailles d'argent, dans un plateau, et après les avoir touchées pour les bénir il les donna à M. Harmel et aux principaux organisateurs du pèlerinage pour leurs familles et leurs amis.

Mais l'acte de dévouement qui nous a le plus touché, émanait encore du cœur de Léon XIII. Dans la solennelle audience, beaucoup n'avaient pu l'approcher. Sa Sainteté voulut donc que tous les membres du pèlerinage lui fussent présentés dans une audience nouvelle. Les ouvriers et les dames furent admis au baisement des pieds, les ecclésiastiques baisaient sa main et tous reçurent de Sa Sainteté une médaille d'argent, inestimable souvenir !

Après avoir traversé une série de chambres, au milieu des gardes-nobles, lorsque j'arrivai dans celle où se tenait le vicaire de Jésus-Christ je fus vivement saisi par l'aspect nouveau sous lequel il se révélait à nous.

Je croyais le voir sur un trône, il était sur un simple fauteuil, sans estrade, le visage si fatigué et si pâle, dans son vêtement blanc qui semblait augmenter encore sa pâleur, que mon émotion alla jusqu'aux larmes, en contemplant cette noble figure où une si grande expression de souffrance et de bonté est unie au rayonnement d'une grande intelligence.

Nous avions vu le Pontife, le Roi, le Docteur universel, dans la majesté de son trône, nous voyions le Serviteur des serviteurs de Dieu, se faisant tout à tous.

Avec une merveilleuse présence d'esprit, il répondait toujours par une parole pleine d'à-propos. J'ai su que le costume des Arlésiennes avait frappé son attention et il a dit: « Ah! saint Trophime! » L'ancien vicariat des Gaules ne passe jamais inaperçu au Vatican.

Présenté par M. de Villechaize, assez aimable pour se souvenir, à cette heure d'émotion, de nos titres et qualités mieux que nous-même, je n'oublierai jamais le sourire bienveillant de Léon XIII qui m'a béni avec toutes les âmes qui me sont confiées, le cher pensionnat de la Nativité de Notre-Seigneur que je dirige depuis tant d'années, la paroisse, mes parents et tous ceux qui me sont chers ; alors à ma vénération s'est mêlé un profond sentiment de gratitude pour ce grand et doux Pontife qui, malgré son état de fatigue, voulait bien admettre les plus humbles de ses enfants.

J'ai su depuis, par les pèlerins qui l'ont vu, déjà remis et reposé, au lendemain de ces grandes audiences, qu'avec son tempéramment impressionnable et nerveux, Léon XIII se relevait bien vite des fatigues qui paraissaient l'abattre le plus. A l'époque de son élection, sa santé était plus compromise qu'aujourd'hui. Nous avions d'ailleurs remarqué avec bonheur sa grande vivacité et sa force lorsqu'il prononçait son discours solennel.

C'est une conviction générale que Dieu conservera longtemps encore ce grand Pape à son Eglise.

III

Le palais et les musées du Vatican. — La Rome des Papes. — Le Moïse de Michel-
Ange. — *Il divin Bambino.* — Adieux ! — La cloche du Vatican.

Après les audiences papales, le Vatican tout entier fut ouvert aux
pèlerins qui se répandirent dans les salles, les chambres et les loges de
Raphaël, les chapelles et les musées.

C'est un monde que ce Palais. Nous y étions d'abord comme sur un
Sinaï, et en descendant de la hauteur divine, nous demeurions encore
dans les sphères les plus sublimes qu'ait jamais hantées le génie des
Arts, dont nous contemplions les plus merveilleux chefs-d'œuvre.

Je ne mentionnerai rien, et je ne dirai pas même mes impressions :
mais en saluant le suave et puissant Raphaël, je m'estimerai heureux d'avoir pu me rendre compte de ses deux manières ; et j'ignore si
malgré les chefs-d'œuvre absolument parfaits où la seconde manière
s'accentue, nous ne devons pas regretter le sentiment profondément
pieux et l'expression calme et émue qui caractérise la première.

Lorsqu'on visite le musée Pie-Clémentin et les autres, les plus vastes du monde, remplis de tous les simulacres païens, et qu'on a conscience d'être dans l'habitation du chef de la Chrétienté, on comprend toute la largeur et l'élévation d'esprit de ces grands Papes
qui, après la victoire définitive de l'Evangile sur l'idolâtrie, n'ont pas
hésité à placer dans leur Palais les statues païennes, dans lesquelles il ne faut plus considérer le symbole dangereux de la supersti-
tion et de l'immoralité ; mais en des monuments intéressant l'histoire, l'expression la plus parfaite d'une beauté qui vient de Dieu. Les
bustes et les statues mêmes dont le Sénat romain avait ordonné la des-
truction comme ceux de Néron y ont trouvé un asile intelligent.

Les Papes se sont montrés généreux, envers les persécuteurs.
Paul III a fait placer devant le Capitole la magnifique statue en
bronze de Marc-Aurèle. Et quelle que soit d'ailleurs l'appréciation que
l'on puisse avoir sur la Renaissance et ses exagérations, il faut toujours
convenir que les Pontifes romains ont été, dans le sens le plus élevé du

mot, des Souverains vraiment *libéraux*. Aucun autre pouvoir humain quelque riche et puissant qu'il ait été, n'a protégé les arts avec autant de continuité de générosité et de magnificence. Sans le siècle de Léon X, il n'y aurait pas eu de siècle de Louis XIV.

L'anecdote qui nous montre Paul III refusant plaisamment de tirer de l'enfer son maître de cérémonie Messer Biagio que Michel-Ange y avait peint avec des oreilles d'âne, parce qu'il s'était permis d'exprimer certains scrupules au sujet de ses peintures, nous prouve, d'une autre façon, cette largeur et cette hauteur d'esprit, devant les audaces et les libertés du génie. Longtemps seulement après la mort de Michel-Ange, on osa corriger quelques nudités et donner quelque peu raison à Messer Biagio ; mais hélas! sans corriger ses oreilles d'âne. Le génie et « l'enfer sont sans rémission ! »

Que n'ont point fait les Papes pour embellir leur capitale digne, grâce à eux, d'être toujours la capitale du monde ? A côté d'inombrables et incomparables monuments religieux, ils ont multiplié sur les places publiques les obélisques, les colonnes et surtout ces somptueuses fontaines qui rendraient à elles seules Rome sans égale.

Les anciens Romains avaient amené des volumes d'eau considérables sur de véritables arcs de triomphe. En faisant construire un aqueduc de quatorze milles pour « l'Acqua felice » qu'un impérieux Moïse semble faire jaillir du rocher, Sixte-Quint a égalé les travaux si admirés d'Agrippa amenant dans la ville « l'eau vierge » qui jaillit aujourd'hui avec tant d'abondance et d'impétuosité de la superbe fontaine de Trevi, construite par Benoît XIV et couverte de marbre par Clément XIII.

Arrivé à cette fontaine, notre groupe, les dames en tête, courut avec empressement boire de ses eaux, car notre guide l'avait assuré : tous ceux qui en boivent retourneront infailliblement à Rome !!..

A la grande fontaine de la place Navone, ce fut un éclat de rire joyeux quand il nous expliqua l'attitude donnée par la malice du Bernin à la statue de l'un des quatre grands fleuves qui en font l'ornement, levant la main avec effroi, comme si le clocher de l'église Sainte-Agnès qui est en face, et n'est point, paraît-il, tout à fait vertical, allait lui tomber sur la tête.

Ici, à côté de chaque monument, la tradition transmet quelque bon mot, quelque anecdote spirituelle qui dépeint ce passé artistique si grand et les mœurs de ce peuple de Rome, peuple d'enfants gâtés, vivant autrefois si heureux dans l'abondance et la gaieté, sous la royauté la plus paternelle qu'il y eût au monde.

Evidemment le caractère de la domination actuelle est tout autre, sans parler des impôts dont il écrase ses administrés, le gouvernement italien, moins tolérant que les papes, n'a pas osé braver les spirituelles saillies que les Romains avaient l'habitude d'écrire au pied de deux statues populaires.

Sous prétexte d'art il a emprisonné le malheureux Marforio au musée du Capitole. Pasquin est resté seul ; et lui ôter son compère, on le savait bien, c'était le réduire au silence.

Nous ne comprenons pas cette demi-mesure. Faire monter Pasquin au Capitole, n'est-ce pas le comble de l'art et de la politique moderne? Personne n'eût manqué d'y voir un symbole.

Pour remplacer les spirituelles épigrammes populaires, on a aujourd'hui à Rome les caricatures, les grossièretés et les blasphèmes de la presse libérale qui nous a honorés de ses injures. (1)

Cette Rome papale, il était bon de la révéler à nos ouvriers.

L'étude de la capitale de la Chrétienté a quelque chose de moral et de fortifiant. Il n'en est pas de même partout en France. Les sculptures de nos plus glorieux monuments, ont été mutilées par la révolution, quand elles n'ont pas été détruites. Dans les musées de Paris, les arts rabaissés, glorifiant sans cesse l'hérésie, la révolte, ne voient dans l'Eglise que l'inquisition, et secondent à l'envi la grande conspiration de l'histoire contre la vérité, avec un cynisme ou une prudhomie niaise et solennelle dont la seule excuse est dans l'ignorance ou dans la perversion de l'éducation universitaire.

Ici l'art le plus élevé est au service de la grande vérité historique

_____

(1) Nous devons rappeler, toutefois, que le Pape et les droits de la religion sont défendus avec ardeur et talent par *l'Osservatore Romano*, *Le Moniteur de Rome*, *La Voce della Verità* et la *Squilla*, à qui nous sommes fort reconnaissants de l'accueil si chaleureux qu'ils ont fait à notre pèlerinage.

et de la religion. Les traditions païennes elles-mêmes corroborent nos dogmes catholiques.

Vous entrez dans une église pour y vénérer des reliques insignes, les chefs-d'œuvre vous environnent et vous éblouissent dès les premiers pas. C'est l'église de Saint-Pierre-aux-Liens, par exemple, où vous êtes attendris et préoccupés à la pensée de contempler et de baiser ces chaînes du prince des Apôtres qui ont affranchi le monde ; et quand vous allez pénétrer dans la sacristie où on les conserve, un géant de marbre vous apparaît comme une vision du Sinaï, grandiose, puissant, dominateur et divin. C'est le Moïse de Michel-Ange ! Vous vous arrêtez involontairement à l'admirer. Les moments passent, car il se souvient, le Moïse, de l'ordre que lui donna son sublime auteur, en lui fendant le genou, et il parle ! Il vous parle avec cette éloquence irrésistible du génie qui sait atteindre jusqu'aux profondeurs de l'âme.

Certes, il n'est pas déplacé en un tel lieu. Malgré les jugements stéréotypés de ceux qui voient en lui comme un « chef de brigands, » et malgré le guide Joanne qui, toujours heureux d'éditer un blasphème contre l'art aussi bien que contre la religion, ose parler de « tête de bouc » ce qui vous saisit surtout, comme un contraste de génie dans cette conception, c'est, avec l'originalité, avec la force et la fougue du travail, un calme d'expression et une douceur qui ne sont pas exempts de mysticisme.

L'église d'*Ara-Cœli* est bâtie là où Auguste avait élevé un autel au fils de Dieu, dont une tradition universelle à cette époque, lui avait révélé la naissance. Là était aussi l'ancienne forteresse du Capitole. Les capucins qui la desservent, y gardent le « *santissimo Bambino* » petite statue de l'enfant Jésus, en bois du jardin des Oliviers, très vénérée à Rome et qui, pendant notre séjour même, a miraculeusement guéri un malade désespéré.

Un de nos poëtes modernes appartenant à cette école, j'allais dire à cette chiourme de rimeurs condamnés aux travaux forcés de l'hémistiche ciselée : panthéistes et athées, chez lesquels le manque de foi explique souvent le manque d'inspiration, a osé regretter que le peuple romain, qui montait autrefois au Capitole à la suite des triomphateurs, y monte aujourd'hui pour adorer « une poupée ! » (1)

Quelle âme subjuguée par les succès extérieurs de la force peut ignorer que le plus merveilleux triomphateur de Rome est ce *« divin Bambino »* sur le berceau duquel les Anges ont chanté « gloire à Dieu, et paix aux hommes. » Sa domination, par l'Evangile a été autrement utile au monde que celle des consuls, des Césars et autres triomphateurs sanglants.

Ce blasphème du poète est imité de Gibbon (2) qui ne put supporter de voir des moines sur les plus illustres ruines romaines. Mais ces Franciscains méprisés qui pratiquent la pauvreté de la Crèche et dont Léon XIII veut propager le Tiers-Ordre pour reformer la société moderne, ne sont-ils pas une admirable école de philosophie pratique supérieure à toutes les sectes de l'antiquité ?

Pour qui sait voir et réfléchir, un couvent de capucins sur l'emplacement du Capitole est une meilleure garantie de civilisation et de vrai progrès, pour le monde, qu'une caserne de prétoriens ou un corps de garde de licteurs armés de verges et de haches.

Du versant méridional de Mont Capitolin, les magnifiques restes du Forum romain avec leurs colonnes debout ou brisées, rappellent, toute proportion gardée, celles du théâtre antique d'Arles. L'analogie est frappante et nos Provençaux aimaient à la constater. Habitants de la province romaine par excellence, *Provincia romana,* semée de constructions antiques, ils n'étaient nullement dépaysés au milieu de ces étonnants monuments de Rome, les Arlésiens surtout, qui en voient journellement la réduction sous leurs yeux : « *Gallula Roma Arelas.* »

Au milieu de tant d'émotions fécondes les jours s'écoulaient. Le matin de notre départ, après avoir eu le bonheur de célébrer la sainte Messe à Saint-Pierre, j'étudiai encore cette basilique qui à chaque visite vous révèle un nouvel infini. Je voulus monter au dôme et pénétrer

(1) « Bien qu'il s'y traîne des dévots
     « Dont une poupée est l'idole..... »
                    SULLY PRUDHOMME. (Croquis italiens. *L'escalier de l'Ara-Cœli.*)

(2) *Histoire de la Décadence et de la Chute de l'Empire romain.*

même dans la boule qui le surmonte, où la veille quatorze prêtres
réunis avaient chanté avec un entrain plein de foi le : *Tu es Petrus.*

Descendu sur la galerie extérieure de la lanterne, je promenai un regard attendri sur la ville et ses monuments, sur la campagne romaine,
sur le Tibre les montagnes de la Sabine et le Soracte lointain couronné
de neiges abondantes ; je sentais que ce pays était une patrie et je lui
disais un adieu du cœur.

Peu après des voitures nous emportaient en groupes à la gare, au
milieu des témoignages de sympathie les moins équivoques du peuple
romain, sur lequel le pèlerinage français avait produit la meilleure
impression.

Ce peuple aime le Souverain Pontife, il comprend qu'en lui est sa
grandeur comme son intérêt. Les dernières élections municipales en
sont la preuve éclatante et nous pourrions en donner d'autres. L'hôte du Vatican est l'âme de Rome. L'hôte du Quirinal, malgré la peine
qu'il y prend, parvient tout au plus à tenir la place d'un sous-préfet,
dans la ville éternelle.

J'ai retenu à ce sujet le mot caractéristique d'un barbier : « Le
moindre tintement de la cloche du Vatican : *Una squilla della cam-
pana del Vaticano,* nous disait-il, est plus profitable pour nous que tout
le tapage et les embarras des Italiens !... »

Il avait raison, ce barbier romain, meilleur philosophe que le rai-
sonneur insolent de Beaumarchais, car le moindre tintement de la
cloche du Vatican retentit jusqu'aux extrémités du globe et a la puissance d'ébranler le monde.

Elle va retentir cette cloche universelle pour le jubilé de
Léon XIII. Des pèlerins sans nombre répondront à son appel, et nous
sommes heureux d'en avoir été les précurseurs ; car nous retournons,
le cœur surabondant des plus saintes joies, plus dévoués à l'Eglise,
comprenant mieux les maux de notre malheureux pays et remplis
d'une force nouvelle pour travailler à les guérir.

Nous allions rentrer en France et l'une de nos joies à Rome avait
été de rencontrer souvent la France. Nous l'avions vue à la villa
Médicis avec nos artistes ; mais nous l'avions rencontrée surtout

en la personne de ces admirables religieux et religieuses qui apportent à la capitale du monde chrétien le tribut de leur dévouement et reçoivent d'elle, en échange, une consécration suprême pour leur institut français.

Ce sont les Frères des Ecoles Chrétiennes qui, à Rome, enseignent notre langue aux fils de l'aristocratie romaine ; les sœurs de Saint-Vincent de Paul chargées du soin de nos ouvriers à l'hospice Sainte-Marthe ; les Trappistes de Saint-Paul-hors-les-Murs, inaugurant au péril de leur vie les travaux d'assainissement de la campagne romaine ; enfin les religieuses du Sacré-Cœur de la Trinité-du-Mont, chez lesquelles nous allâmes vénérer l'image miraculeuse de la *Mater admirabilis.*

Nous entendîmes, un instant, les cantiques des jeunes orphelines de leur pensionnat gratuit et nous fûmes étonnés de l'expression et de l'art, avec lesquels ces enfants du peuple savaient moduler leur chant. On comprenait à les entendre, combien ce peuple romain est artiste et tout ce qu'il y a de musical dans sa douce langue.

Partis de Rome le jeudi 20 octobre, à 2 heures d'après midi, nous sommes arrivés à Marseille le lendemain vers 4 heures du soir.

A l'hôtel même où nous étions descendus, avec un groupe nombreux, nous rencontrâmes deux évêques orientaux accompagnés d'un grand vicaire administrateur d'un important diocèse de Syrie. Les pèlerins qui arrivaient s'inclinèrent devant ces vénérables envoyés qui allaient porter au Chef de la Chrétienté les vœux et les hommages des Eglises fidèles d'Orient.

Dans leurs paroles éclatait un ardent amour pour ce Pontife de Rome, dans lequel ils reconnaissent le seul patriarche universel, le seul légitime successeur de Pierre et le vicaire du Christ dont ils affirment les droits et l'autorité en face des populations schismatiques.

Répondant avec bienveillance aux pèlerins qui les questionnaient, ils nous donnèrent les plus intéressants détails sur le schisme grec, les erreurs dogmatiques et les superstitions puériles dans lesquelles sont tombées les malheureuses populations séparées du centre de l'unité.

Une si heureuse rencontre fut le digne couronnement d'un pèlerinage visiblement béni de Dieu ; car elle nous fit constater une fois de plus, la catholicité de l'Eglise, et mieux comprendre encore quel foyer de chaleur divine se trouve dans cette Rome éternelle, dont l'influence rayonne sur toutes nations et en dehors de laquelle tout s'amoindrit et périt.

En achevant ce simple récit comment ne pas exprimer notre profonde gratitude à MM. Harmel et de Mun, à tous ces hommes distingués et dévoués à qui nous devons l'organisation et la direction d'un tel pèlerinage ; et particulièrement au chef de notre contingent méridional, M. le comte de Villechaize.

Ce fut une joie universelle d'apprendre qu'il avait reçu du Souverain Pontife une décoration pontificale qui n'a étonné que sa modestie, car elle était dans les vœux de tous ceux qui connaissent son mérite personnel et son zèle actif dans l'œuvre ouvrière.

Un accident sans gravité dont il fut victime à notre départ de Rome donna lieu à une expansion nouvelle de sympathie à son égard.

D'autres, hélas ! du moins après notre retour, ont été plus cruellement atteints. Nous avions, à cette même place, adressé des remerciements bien mérités à M. le comte de Broves, chef de la section de l'Union. Il nous les faut changer à cette heure en des regrets pleins d'amertume en offrant l'expression de nos sentiments de condoléance à Madame et à Mademoiselle de Broves.

Au souvenir du dévouement dont le comte si regretté a fait preuve envers tous, et de la foi si vive qui éclatait en lui, dans nos visites aux sanctuaires de Rome, pourrions-nous douter que ce saint pèlerinage et la bénédiction du Souverain Pontife n'aient été pour lui une grâce suprême de préparation au pèlerinage du ciel ?

Puissent celles qui le pleurent si légitimement et dont nous avons apprécié à Rome les qualités délicates d'esprit et de cœur se consoler dans une si sainte pensée et dans le souvenir de tout le bien qu'il a accompli.

Le succès de ce premier pèlerinage de l'Œuvre ouvrière est un encouragement, pour elle, à multiplier ce mode de manifestations populaires de la foi catholique.

Déjà, parmi les œuvres sociales de notre pays, cette œuvre, la seule qui ose opposer aux menées ténébreuses de la secte, un programme nettement défini, un drapeau hardiment déployé, une autorité toujours obéie, était notre meilleure espérance. La voici grandie encore à nos yeux par la preuve qu'elle vient de faire de la puissance de son organisation et de l'excellent esprit qui anime les ouvriers qui la composent ; mais surtout, par la haute approbation et la bénédiction solennelle du Souverain Pontife.

Les catholiques pourraient-ils désormais lui refuser leur concours le plus actif ?

Aussi, plus que jamais, nous osons tout attendre de son influence, pour désillusionner progressivement les masses populaires, rendre chrétienne la démocratie et faire circuler une vie de jeunesse dans le corps social régénéré.

Nous venons de constater à Rome les victoires de la Croix dans le passé, or le *Labarum* est l'étendard de l'œuvre ouvrière, elle aura donc sa part dans les prochaines victoires de l'avenir.

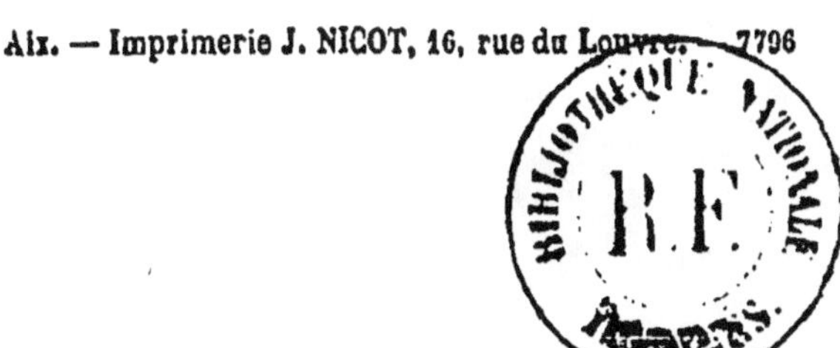

Aix. — Imprimerie J. NICOT, 16, rue du Louvre. — 7796

9 782012 845909